山东馆藏文物精品大系

青銅器卷

山东省文物考古研究院　编

陆

秦汉篇

科学出版社

北　京

图书在版编目（CIP）数据

山东馆藏文物精品大系. 青铜器卷：全6册 / 山东省文物考古研究院编. -- 北京：科学出版社，2024. 9. -- ISBN 978-7-03-079541-0

Ⅰ. K872.520.2；K876.412

中国国家版本馆CIP数据核字第2024MB5447号

责任编辑：郝莎莎／责任校对：邹慧卿
责任印制：肖　兴／书籍设计：北京美光设计制版有限公司

科学出版社 出版
北京东黄城根北街16号
邮政编码：100717
http://www.sciencep.com
北京华联印刷有限公司印刷
科学出版社发行　各地新华书店经销
*
2024年9月第 一 版　开本：889×1194　1/16
2024年9月第一次印刷　印张：118
字数：3 400 000

定价：2980.00元（全六册）
（如有印装质量问题，我社负责调换）

编委会

参编人员 （按照姓氏笔画排序）

丁一斐　丁露刚　于　勇　于法霖　万　菲　王　青　王　欣　王　勃　王　勇

王　敏　王　焕　王　滨　王　磊　王冬梅　王忠保　王相臣　王树栋　王昱茜

王倩倩　王淑芹　王新刚　王新华　王德明　尹传亮　尹秀娇　尹继亮　邓庆猛

史本恒　曲　涛　吕宜乐　任庆山　任妮娜　刘云涛　刘安鲁　刘好鑫　刘丽丽

刘洪波　刘鸿亮　齐向阳　衣可红　衣同娟　汲斌斌　阮　浩　孙　威　孙全利

孙名昌　孙建平　牟文秀　闫　鑫　苏　琪　苏建军　李　娟　李　晶　李　斌

李秀兰　李林璘　李建平　李顺华　李祖敏　李爱山　李景法　李翠霞　李慧竹

杨昌伟　杨晓达　杨海燕　杨淑香　杨锡开　肖守强　何绪军　宋少辉　宋文婷

张文存　张世林　张伟伟　张仲坤　张英军　张春明　张爱敏　张婷婷　张慧敏

陈　魁　陈元耿　陈晓丽　陈翠芬　昌秀芳　金爱民　周　丽　周　坤　郑建芳

郑德平　房　振　赵　娟　赵孟坤　赵常宝　胡　冰　胡可佳　柳建明　柳香奎

侯　霞　姜　丰　袁晓梅　耿　波　聂瑞安　徐义永　徐吉峰　徐倩倩　奚　栋

高　雷　郭　立　郭公仕　郭贤坤　桑声明　曹胜男　崔永胜　崔胜利　鹿秀美

阎　虹　梁　信　董　艺　董　涛　韩升伟　程　红　程　迪　傅吉峰　蔡亚非

颜伟明　潘雅卉　燕晴山　穆红梅　魏　萍

参编单位

山东省文物考古研究院	山东博物馆	山东大学博物馆
孔子博物馆	济南市博物馆	济南市考古研究院
济南市长清区博物馆	济南市章丘区博物馆	济南市济阳区博物馆
济南市莱芜区博物馆	平阴县博物馆	青岛市博物馆
青岛市黄岛区博物馆	莱西市博物馆	胶州市博物馆
平度市博物馆	淄博市博物馆	齐文化博物院
临淄区文物考古研究所	桓台博物馆	沂源博物馆
枣庄市博物馆	滕州市博物馆	东营市历史博物馆
烟台市博物馆	海阳市博物馆	莱州市博物馆
蓬莱阁景区管理服务中心	栖霞市牟氏庄园管理服务中心	龙口市博物馆
长岛海洋生态文明综合试验区博物馆	招远市博物馆	潍坊市博物馆
潍坊市寒亭区博物馆	安丘市博物馆	昌乐县博物馆
昌邑市博物馆	高密市博物馆	临朐县博物馆
青州市博物馆	寿光市博物馆	诸城市博物馆
济宁市博物馆	济宁市兖州区博物馆	泗水县文物保护中心
嘉祥县文物旅游服务中心	邹城市文物保护中心（邹城博物馆）	
泰安市博物馆	新泰市博物馆	宁阳县博物馆
肥城市博物馆	威海市博物馆	荣成博物馆
日照市博物馆	五莲县博物馆	莒州博物馆
临沂市博物馆	费县博物馆	蒙阴县文物保护中心
莒南县博物馆	兰陵县博物馆	平邑县博物馆
沂南县博物馆	沂水县博物馆	郯城县博物馆
菏泽市博物馆	巨野县博物馆	成武县博物馆
惠民县博物馆	邹平市博物馆	阳信县博物馆

凡　例

1.《山东馆藏文物精品大系·青铜器卷》为"山东文物大系"系列的组成部分，共六卷。第一卷：夏商篇；第二卷：西周篇；第三、第四卷：春秋篇；第五卷：战国篇；第六卷：秦汉篇。

2.本书所选器物，均由山东省内各文物收藏单位、考古机构提供，再由编者遴选。以出土器物为主，兼顾传世品；突出考古学文化代表性，兼顾艺术特色。所收资料截至 2022 年。所收照片、拓片除了各文物收藏单位提供的之外，有较多数量文物是编著单位专门到各收藏单位重新拍摄、拓取的；器物描述多数也经过编者的修改。

3.文物的出土地点尽量标注出当时的出土地点名称及现今的行政区划，可以具体到小地点的，使用最小地点名称。一些早年出土的文物，现在无法确定行政单位的，按照各收藏单位早年登记的地点。

4.文物的收藏单位以文物的实际所有单位为准。

5.关于器物的编辑排序、定名、时代等的说明。

编辑排序：首先，按照时代排序：岳石、商、西周、春秋、战国、秦、西汉、新莽、东汉。其次，在按时代排序的基础上，按器类排序：容器、乐器、兵器、车马器、工具、度量衡及其他等。每一卷的器物顺序参考《中国出土青铜器全集》，每一类器物的顺序也是按照时代排列，如果某种器物数量较多，先分类，每一类也是按照时代顺序排列。

定名：仅列器物名称，不加纹饰、铭文等。

器物有铭文或者纹饰的，尽量用照片和拓片表现，文字说明为辅助。

成组的器物根据器物的保存状况尽量成套展示。

目　录

箕 | 秦
山东省人民政府文物管理委员会移交
现藏山东博物馆
长21、口径19.4、高5.8厘米

　　体略长方，两侧及后端起挡壁，侧壁弧形内收。箕底及后壁有筋线。箕一侧外壁刻秦始皇二十六年（公元前221年）统一度量衡铭文，凡四行三十八字："廿六年皇帝尽并兼天下黔首大安立号为皇帝乃召丞相状绾法度量则不一歉疑者皆明壹之。"

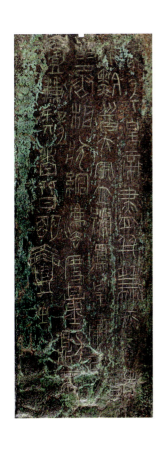

秦

山东省人民政府文物管理委员会移交

现藏山东博物馆

通长10、通宽7.2厘米

　　呈上下有凹缺的长方形，角部各有一穿孔，以便将其固定。左上角残缺，其正面铸有秦二世元年（公元前209年）统一度量衡的诏书，现仅存铭文四十八字："元年制，诏丞相斯，去疾，法度量，尽始皇帝为之，皆有刻辞焉，今袭号，而刻辞不称始皇帝，（其于久远）也。如后嗣（为之者），不称成功盛（德。刻此）诏，故刻左，使（毋疑）。"

钺 | 秦
沂南县任家庄村出土
现藏沂南县博物馆
通高17.5、通宽23.3厘米

半月形，弧形刃，长方形銎。器身有
铭文"二四年莒阳丞寺库齐佐平职"。

鼎 | 西汉
1999年章丘市（现济南市章丘区）洛庄汉墓出土
现藏济南市考古研究院
通高14、口径15厘米，重2.1千克

　　口微敛，呈子口，圆鼓腹，圜底，蹄形足，足跟肥大，两附耳。覆盘形盖，盖缘三枚纽。身有铭文"蓼城鼎容一斗"。

鼎 | 西汉
1999年章丘市（现济南市章丘区）洛庄汉墓出土
现藏济南市考古研究院
通高18.7、盖高3.7、通宽21.7、口径19厘米，
重6.15千克

子口，平唇，鼓腹，圜底，三蹄形足，足跟肥大，口沿外有两附耳。弧顶盖，上有三纽。腹中部有一道明显的凸棱。身稍残，有铭文，盖"齐大官右般十"，身"齐大官北宫十"。

盖铭文

器身铭文

鼎 | 西汉

1999年章丘市（现济南市章丘区）洛庄汉墓出土

现藏济南市考古研究院

通高18、口径17.7、盖高3.4、腹径20.5厘米，重4.15千克

　　子口，平唇，鼓腹，圜底，三蹄形足，足跟肥大，口沿处有两附耳。弧顶盖，附三个纽。腹部中间有一道明显的凸棱。鼎有铭文，盖"齐大官右般"，身"南宫"。

鼎 西汉
济南市章丘区洛庄汉墓出土
现藏山东博物馆
通高16.9、口径15.5厘米

　　子母口带盖。敛口作子口，平唇，鼓腹，圆底，三蹄形足，内侧较平，足跟肥大。口部两附耳。弧顶盖，盖沿延伸作母口，盖上均匀分布三纽。通体素面，仅在腹部中间一周凸棱。上腹部及盖上均有铭文"齐大宫口南宫鼎"。

上腹部铭文　　　　　盖内铭文

鼎 | 西汉
黄县（现龙口市）招待所出土
现藏烟台市博物馆
通高17、口径14.8厘米

　　子母口有盖，子口，浅鼓腹，圜底，三
足，二附耳。弧顶盖，上有三环纽，素面。盖
上有铭文："汧共厨铜一斗鼎盖，重二斤一
两。第八。"同出2件。

鼎 | 西汉

1979年淄博市大武乡西汉齐王墓随葬器物坑一号坑出土（1∶88）

现藏淄博市博物馆

通高18、口径15.5、腹径20.4厘米，重2.55千克

子母口，浅鼓腹，中部有一周凸棱，圜底，三蹄足，二附耳。弧面盖，上饰三个环纽，盖面刻"齐食大官畜口""朱"。

鼎 | 西汉

1979年淄博市大武乡西汉齐王墓随葬器物坑一号坑出土（1∶92）

现藏淄博市博物馆

通高18.9、口径14.5、腹径19.3厘米，重2.59千克

子母口，扁圆腹，中部有一周凸棱，圜底，三蹄足，长方形附耳。弧面盖，上饰三个环钮。腹刻"齐食官畜"，盖刻"齐食大官北宫十"。

鼎 | 西汉
1979年淄博市大武乡西汉齐王墓随葬器物坑一号坑出土（1：111）
现藏淄博市博物馆
通高17.8、口径16.5、腹径19.3厘米，重2.395千克

子母口，腹中部有一周凸棱，圜底，三蹄足，长方形附耳。弧面盖，上饰三个环纽。腹刻"齐大官尚志十""南宫鼎"，盖刻"左容二斗重九斤"。

腹部铭文　　　　　　　　　　　　盖铭文

鼎 | 西汉
1977年巨野县红土山汉墓出土
现藏巨野县博物馆
通高31.6、口内径20.8、足高16.5厘米

　　子母口带盖。器口内敛作子口，圆鼓腹，圜底，三蹄足，长方形附耳。盖作覆盘状，饰三组。腹下部刻铭文两行五字："容四斗重钧。"

鼎 | 西汉
1988年莒南县大山前村西南墓地出土
现藏莒南县博物馆
通高18.5、口径15.4、盖直径17.3、盖深4厘米

敛口，子口较长，圆腹，圜底，三蹄足，腹饰凸棱纹一周，两侧有对称钥形耳。弧顶盖，上附三环钮。盖顶铭文为"上林"二字。器身铭文在沿下外侧，锈腐较重，字迹模糊不清，经仔细辨认为"上林铜斗鼎重九斤三两元始四年九月□□□□□"二十一字。

鼎 | 西汉
2009年莒县马顾屯村出土
现藏莒州博物馆
通高15.2、口径11.8厘米，重1.7千克

鼎身敛口作子口，扁球腹，圜底，三蹄形足，口沿下有对称两个附耳。盖弧隆，上置三半环状纽，纽上各有一乳凸。腹上饰一周凸棱。口沿下有"中宫长公子鼎容五升第十三"铭文，盖顶铭文不清。

鼎 │ 西汉
1996年长清县（现济南市长清区）双乳山汉墓出土（M1：10）
现藏济南市长清区博物馆
通高22、口径17.2厘米

　　子口，平唇，鼓腹，圜底，三蹄形足，内侧较平，足跟肥
大，口部两附耳。通体素面，仅在腹部中间一周凸棱，上腹部有
横向铭文一行："曲庙并重廿一斤四两。"未见盖。

鼎 | 西汉

1993年临沂地区（现临沂市兰陵县）境内出土

现藏兰陵县博物馆

通高22.2、口径18.3厘米

敛口作子口，方唇，浅腹微鼓，圜底，三蹄足，附耳外撇。腹中部饰一周凸棱。一耳顶部有"次公子"铭文。未见盖。

鼎 | 西汉
1996年长清县（现济南市长清区）双乳山汉墓出土（M1：5）
现藏济南市长清区博物馆
通高19.8、口径19.4厘米

　　微敛口，口内折作子口，深腹，圜底，三矮蹄形足较特殊。上腹部有两方
形附耳，中部内凹。腹中部饰一周宽边。未见盖。通体素面。

鼎 │ 西汉

2019年淄博市临淄区徐姚北墓地出土（M1507：1）

现藏临淄区文物考古研究所

通高23.1、口径20.6厘米

　　子口，深腹微鼓，圜底近平，三蹄形足，口沿下有对称长方形附耳，附耳外撇。弧顶盖，鼎近平，盖顶饰三个较大环纽，盖顶与鼎身相扣合呈扁圆状。腹部饰一周凸棱纹，凸棱纹上方有铭文"广陵御府铜鼎容二升重二十三斤八两三十一"。

瓶 | 西汉
1972年临沂地区（现临沂市）汤河镇故县村出土，张廷成捐赠
现藏临沂市博物馆
通高28.5、口径5、腹围49.5、底径10厘米

微侈口，方唇，竹节形高细颈，上有竹节状凸箍，圆肩，圆鼓腹略扁，矮圈足。腹饰一周宽带纹。

壶 | 西汉
嘉祥县满硐公社南武山大队（现满硐乡南武山村）征集
现藏嘉祥县文物旅游服务中心
高36.5、口径3.19、腹径22.96、底径12.4厘米，
重2.09千克

矮直口，呈蒜瓣形。颈瘦长，鼓腹略扁，圈足外撇。器身素面。

壶 | 西汉
济南市章丘区洛庄汉墓出土
现藏山东博物馆
高26.2、口径12.7厘米

盘口，束颈，圆肩，腹最大径在腹中部，下腹渐收为小平底。腹中部饰凸弦纹一道。上腹刻六字铭文："蓼城□容三斗。"

壶 | 西汉
1976年平度县（现平度市）六曲山墓群出土
现藏平度市博物馆
高44、口径16、底径19厘米

　　侈口、束颈，球形腹，高圈足，肩部有一对铺首衔环。肩部、腹部、腹下部各饰一周宽带纹。肩、腹部两道宽带纹之间阴刻铭文竖三行十二字："淳于，容十升，重一钧五斤八两。"

壶 | 西汉
2000年平度市界山汉墓出土
现藏平度市博物馆
高46.4、口径20、腹径36.8、底径21.6厘米

　　侈口，方唇，高束领，鼓腹，腹侧有对称两个铺首衔环，圈足较高。口及肩、腹部饰四道宽弦纹。肩部刻铭文"平望子家锺容十升"。器身稍有残缺。

壶 | 西汉

1966年潍县（现潍坊市）黑埠子村汉墓出土

现藏潍坊市寒亭区博物馆

高45.8、口径18、底径21.5厘米，重11.204千克

敞口，叠唇，平沿，粗颈，圆腹，圈足略外撇，颈部有对称铺首衔环。上腹部有铭文："济北曹官稻容十斗重□十一斤十两，第十□□。"

壶

西汉

济宁市兖州区后楼村征集

现藏济宁市兖州区博物馆

通高24厘米

　　子母口带盖。敞口作母口，束颈，圆鼓腹斜下收，圈足有台座。盖带圆形捉手，盖沿内折作子口。颈部饰三角纹和一周凸弦纹，腹部有一对铺首衔环和两周弦纹，腹上部和下部各有一彩绘带，纹饰不清晰。

壺 | 西汉
山东省人民政府文物管理委员会移交
现藏山东博物馆
通高18.5、长26.6、口径6.6厘米，容积4670毫升

　　壶体作横筒形，上有圆口，口两边有活环，作系绳
用。下有二方形底足。底部一侧铸一行五字"杨氏容二
斗"，其旁又刻"重四十斤"。

壶 | 西汉

嘉祥县满硐公社南武山大队（现满硐乡南武山村）出土

现藏嘉祥县文物旅游服务中心

通高30.5、口径4、腹径25.62、底径13.28×5.71厘米，

重2.13千克

扁形壶。蒜瓣形矮直口，直颈，鼓肩，圈足，扁腹，长方形座。两肩有双耳，耳套活环。有盖，盖沿内折作子口，盖上有一纽。

壶 │ 西汉
拔交
现藏青岛市博物馆
高29、口径3厘米

　扁形壶。口部呈蒜头形，直口，束颈，腹部正视为椭圆形，截面为长方形，双兽耳衔环。长方形圈足较高稍外撇。外底铸有"萬金"二字铭文。

壶 | 西汉
捐赠
现藏青岛市博物馆
高28.5、口径7厘米

　　扁体，未见盖。微敞口，直口平沿，高颈，椭圆形扁腹，长方形圈足。内底平，中心饰一鼻系。肩部两侧饰有铺首衔环耳。颈部一周凸棱，肩部到腹底两侧饰有凹槽，轮廓呈椭圆形。

壶 | 西汉
移交
现藏青岛市博物馆
通高31、通长17、宽7.5、口径9厘米

壶微敞口作母口，短直颈，椭圆形扁腹，长方形圈足外撇，内底平。平顶盖，盖口内折作子口，舌较长，盖顶中心饰一环纽，纽外三片形立纽装饰。肩部两侧饰对称环系，器有两面饰有凹宽椭圆形轮廓线。

壶 | 西汉
1966年泰安专署（现泰安市）纸坊水库出土
现藏泰安市博物馆
通高26.3、腹径28.7×14.5、口径8.5厘米

　　壶身扁椭圆形。直口、束颈、溜肩、扁腹、长方形圈足，肩部饰两组，各衔环耳。有盖，长子口深入壶口，盖中间一小环纽附衔环。盖上饰柿带纹，腹饰花叶纹。器身可见明显的垫片脱落痕迹。

钫 | 西汉

1979年淄博市大武乡西汉齐王墓随葬器物坑一号坑出土（1∶83）

现藏淄博市博物馆

通高46、口径11、腹径20、足径13厘米，重4.8千克

口微侈，方唇，长颈鼓腹，方圈足略外撇，腹饰一对铺首衔环。盝形盖，上有四个云形环纽，缘下微敛。唇部刻"齐食官上米"，颈部刻"齐大官右般"，盖缘刻"重二斤十五两"。

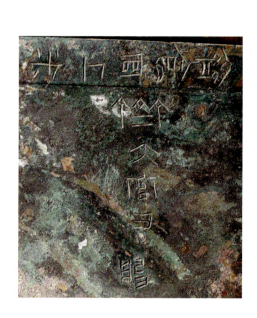

钫 西汉

1979年淄博市大武乡西汉齐王墓随葬器物坑一号坑出土
（1：85）

现藏淄博市博物馆

通高46.2、口径11.5、足径13厘米

口微侈作母口，方唇，鼓腹，方圈足，腹饰一对铺首衔环。盝顶盖，上有四个云形环纽，缘下微敛，子口。盖缘镌刻铭文"左三斤六两"，一侧铺首下有刻纹符号。

钫 西汉

1996年长清县（现济南市长清区）双乳山汉墓出土（1：3）

现藏济南市长清区博物馆

通高37.5、口径12、腹径23、底径13.3×14厘米

微敞口，短颈，鼓腹，空方足外侈。口、颈之间有台阶状界限，腹两侧有对称兽面铺首衔环。一口沿外侧线刻有铭文"容五升重廿斤"。未见盖。素面。

钫 | 西汉
1977年巨野县红土山汉墓出土
现藏巨野县博物馆
通高39、口径11.3、腹围85.4、足径13.5、足高4.4厘米

　　未见盖，方口，直颈，深腹，平底下接高方圈足。口沿外部饰宽带纹一周，腹两面有对称的兽面铺首衔环。方圈足一角深刻铭文一字，另一角浅刻铭文数字。

錪 | 西汉
1979年淄博市大武乡西汉齐王墓随葬器物坑一号坑出土
（1：37）
现藏淄博市博物馆
通高32.4、口径16、腹径37.5、底径13厘米

　　小口，方唇，卷沿，束颈，鼓肩，鼓腹，平底。上腹部饰一对铺首衔环，外腹镌刻铭文"淳于，重一钧六斤十两，容十斗，今兒容九斗五升"。素面。

鋞 | 西汉
2010年济南市魏家庄遗址出土（M150：4）
现藏济南市考古研究院
通高18.4、口径11.6厘米

　　盖与身以子母口相扣合。身敛口作子口，筒形
直腹，平底，三矮蹄足。腹中部饰一周宽凸纹带，
上部对饰两半环形耳，耳内各套扣一较大圆环，环
上连有两段8字形链索，与提梁两端的圆环相连。
提梁整体近弧形，两端呈兽首形，兽口作吞环状。
盖为直壁母口，弧形顶，顶外缘一周略向下折，低
于内部，中央一半环形纽。

鋞 | 西汉
馆藏
现藏烟台市博物馆
通高17.5、口径12、腹围38、底径12.1厘米

敛口作子口，深腹直筒形，平底，三矮蹄足，环耳带连环提梁。腹中部一周宽凸带。盖缺失。

鋞　西汉
1974年高密县（现高密市）夏庄镇出土
现藏高密市博物馆
通高26.2、口径10.8厘米，重1.197千克

　　圆筒形，子母口带盖。口微敞，作母口承盖，深腹直筒形，平底，带三小足、浮雕羊首。上腹部有对称两小环纽，带铺首，衔环缺失。盖微隆，口内折作内插子口与器口扣合，居中有一环纽。盖沿边缘饰三周细阳纹，阳纹内满饰蟠虺纹。原应有链，已失。

鈚镂

西汉

1966年泰安市纸坊村出土

现藏泰安市博物馆

通高21.8、腹径19.2厘米

敛口作长子口，球腹，三蹄形足稍高，圜底。平顶盖，口作喇叭形母口。器两侧附活链提梁，两端錾作半环形，盖上三个扁纽，三圆环将提梁与盖上一扁纽相连。通体素面。

鋗
镂 西汉

1977年邹县（现邹城市）城区北部岗山前出土

现藏邹城市文物保护中心（邹城博物馆）

通高22.5、口径8.3、腹径15.5厘米，重1.395千克

　　敛口作长子口，扁圆鼓腹，圜底，下有三短蹄形足。平顶盖，敞口以承器口，顶有三环纽。器口下有对称小桥形纽，通过圆环与提梁相连接。器身素面。

罐 | 西汉

1977年巨野县红土山汉墓出土

现藏巨野县博物馆

高25、宽23.8、口径14.7、底径9厘米

敞口，圆唇，卷沿，束颈，鼓腹，下腹内曲，平底。素面。

盆 | 西汉
1996年长清县（现济南市长清区）双乳山汉墓出土
现藏济南市长清区博物馆
高12.2、口径32.2、底径15厘米

敞口，薄圆唇，平折沿，斜腹微鼓，平底。通体素面。

盆 | 西汉
济南市章丘区洛庄汉墓出土
现藏山东博物馆
高18、口径52厘米

　　薄唇，宽平沿，深腹微鼓，平底。通体素面。一侧
口沿有铭文："齐大宫口南宫鼎。"

盆 | 西汉
1977年巨野县红土山汉墓出土
现藏巨野县博物馆
高15.6、口径50.6、底径25厘米

方唇，平折沿，腹稍鼓，平底。腹上部有一道弦纹。

盆 | 西汉

1979年淄博市大武乡西汉齐王墓随葬器物坑
一号坑出土（1：51）
现藏淄博市博物馆
高17.5、口径52.5、底径25厘米，重6.63千克

敞口，方唇，平折沿，腹较浅微鼓，平底。口沿刻"齐大官右般者""容十斗西"。

盆 | 西汉
济南市章丘区洛庄汉墓出土
现藏山东博物馆
高21、口径48.8厘米

薄唇，宽平沿，深腹，上腹斜直，下腹斜收，大平底。通体素面。

盆 | 西汉
1977年巨野县红土山汉墓出土
现藏巨野县博物馆
高11.4、口径40、底径16.2厘米

薄唇，宽平沿，腹斜直壁，近底部收成平底。通体素面。

盆 | 西汉
1977年巨野县红土山汉墓出土
现藏巨野县博物馆
高11.5、口径27.3×20、底径13×10厘米

开口椭圆形，敞口，折腹，平底。通体素面。

盆. 西汉

1977年巨野县红土山汉墓出土

现藏巨野县博物馆

高9.1、口径26.4×18.8、底径12.1×17.4厘米

开口圆角方形，敞口，斜腹微鼓，平底。通体素面。

匜 西汉

1999年章丘市（现济南市章丘区）洛庄汉墓出土（P5：53）

现藏济南市考古研究院

高11.5、通长38.5、宽27厘米，容积4550毫升，重1.6千克

瓢形。敞口，浅腹，下腹内收，平底。流下有铭文："重六斤四两。"

勺 | 西汉

1999年章丘市（现济南市章丘区）洛庄汉墓出土

现藏济南市考古研究院

通长25、宽16厘米，容积220毫升，重0.675千克

　　勺体椭圆形，銎状柄向上。外侧近柄处有铭文"齐大官右般"。

勺 | 西汉
1999年章丘市（现济南市章丘区）洛庄汉墓出土
现藏济南市考古研究院
通高9.5、通长15.7、宽14.4厘米

勺体椭圆形，有銎状柄。外侧有铭文："齐大官畜器，容一升半重一斤十二两。"

   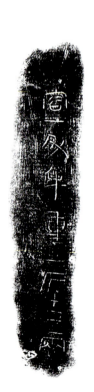

勺 | 西汉
1979年淄博市大武乡西汉齐王墓随葬器物坑
一号坑出土（1：64-1）
现藏淄博市博物馆
长13、宽9.3厘米，把长8.5厘米，重0.3千克

　　椭圆形，有銎状短把斜向上，銎内有朽
木，素面，外底刻"朱鼎"。

耳杯 | 西汉
临沂市出土
现藏临沂市博物馆
高3.9、通长15.8、通宽11.9厘米

椭圆形口，敞口，斜腹微鼓，平底矮圆足，口沿有双长半月形耳。

釜 | 西汉
1996年长清县（现济南市长清区）双乳山汉墓出土
现藏济南市长清区博物馆
高25.6、口径43、底径13厘米

器型较大。敛口，平唇，鼓腹，下腹内收，小平底。上腹口沿外饰
二周弦纹，腹两侧各有一环形纽。

洗 | 西汉
2000年平度市界山汉墓出土
现藏平度市博物馆
高12、口径26.2、足径14.4厘米

　　卷沿，圆唇，束颈，鼓腹，平底，矮圈足。腹饰三道凸弦纹。口沿下阴刻篆书铭文"冼君孺容三斗重七斤二两"及"君孺"。

鍪 | 西汉
1977年巨野县红土山汉墓出土
现藏巨野县博物馆
通高17.5、通宽20.3、口径12.8厘米

侈口，方唇，束颈，扁圆鼓腹，圜底。有盖，盖沿内折作子口，上有一桥形纽。肩部饰有对称环形耳，上饰叶脉纹。肩部饰有弦纹一周。

编钟

西汉

1983年淄博市临淄区稷山汉墓出土

现藏齐文化博物院

由4件甬钟和8件纽钟组成，形制相若，尺寸递减

甬钟：通高11.7、甬长4.8、中长5.2、铣间6.3、鼓间5.1厘米，

　　　通高11.8、甬长4.9、中长5.4、铣间5.9、鼓间5.8厘米，

　　　通高12.3、甬长4.7、中长6.3、铣间7、鼓间6.9厘米，

　　　通高12.4、甬长5.1、中长5.8、铣间6.3、鼓间5.3厘米；

纽钟：通高6.5、纽长2、中长3.5、铣间4.4、鼓间3.4厘米，

　　　通高7.2、纽长2、中长4.2、铣间4.4、鼓间3.4厘米，

　　　通高8.2、纽长2.3、中长4.7、铣间5.2、鼓间4.3厘米，

　　　通高8.6、纽长2.4、中长5.2、铣间5.3、鼓间4.3厘米，

　　　通高8.8、纽长2.4、中长5.3、铣间5.3、鼓间4.8厘米，

　　　通高8.9、纽长2.4、中长5.4、铣间5.3、鼓间4.9厘米，

　　　通高9.9、纽长2.4、中长6.1、铣间5.8厘米，

　　　通高10.4、纽长2.4、中长6.8、铣间6.6、鼓间6.1厘米

　　甬钟为柱形甬，甬长略小于中长，甬中部饰钩状斡，舞面饰云纹，枚为扁圆乳丁状，篆带、钲部为几何纹（或符号），鼓部饰几何波曲纹，鼓部下方有素带一条，钟体短阔。纽钟长方形纽，上下基本同宽，腔体与甬钟相似，钲部纹饰有别。通体鎏金。

甬钟

纽钟

甬钟 | 西汉
2000年章丘市（现济南市章丘区）洛庄汉墓14号陪葬坑出土（P14C：15～P14C：19）
现藏济南市考古研究院
一套5件，形制相若，尺寸递增
通高依次为50.7、54.4、56、57.3、58.7厘米；铣间径依次为长径20.5、21.1、21.7、22.5、23.9厘米，短径18.3、18.6、19.4、20.2、20.7厘米

　　圆柱形甬，衡呈半球形，旋圆凸，呈蒜头状，上有一兽首形挂钩。钟体为合瓦形、弧形口，枚似乳丁，每面三排，每排六枚，枚上有涡纹。舞、鼓、钲和篆部饰三角形回纹。

钲 西汉

2000年章丘市（现济南市章丘区）洛庄汉墓14号陪葬坑出土（P14B：2）

现藏济南市考古研究院

通高30.2、甬长8.5、端径4.4厘米，舞间12.7×11.1、铣间16.6×12.8、

鼓间5.5厘米

　　器身合瓦形，弧形口。甬为空心圆筒状，一侧有一小圆孔用以引绳，舞部平，钲两面光素，仅以宽带纹为饰。器壁较薄，无调音痕迹，因此只能发出一个音调。

铙 | 西汉
20世纪60年代邹县（现邹城市）郭里镇郭里遗址出土
现藏邹城市文物保护中心（邹城博物馆）
通高44、铙间29厘米

　　铙体为合瓦形，两侧自上而下斜收，角微尖，器底正中置一管状短柄与内腔相通。通体素面。

瑟枘 | 西汉
2001年济南市腊山汉墓出土
现藏济南市考古研究院
长2、通宽0.9厘米

　　上端剖面圆形，下端剖面四方柱体、中空。下
方侧面有穿弦的孔。同出5件，形制相同。

瑟枘 | 西汉
1977年巨野县红土山汉墓出土
现藏巨野县博物馆
同出4件，形制相同，大小稍有差别
最大通长5.1、帽径4.7厘米，最小通长4.7、帽径4.7厘米

　　六瓣花形帽，中间凸出，呈三朵等大的涡状纹。方柱中空，柱两壁对称镂有圆孔。枘鎏金。

瑟柄 | 西汉
1985年五莲县张家仲崮汉墓出土
现藏五莲县博物馆
通高4.4、帽径4.2、底径1.6厘米，重0.092千克

　　呈蘑菇状，上作六瓣花形帽顶，下有方形銎。帽顶饰为花卉形状，鎏金并镶嵌绿松石。銎上有圆孔。

錞于

西汉

1979年淄博市大武乡西汉齐王墓
随葬器物坑三号坑出土（3：48）
现藏淄博市博物馆
通高49.5、口径27.2×24.7厘米

束腰筒形，截面呈椭圆形。顶微鼓，饰半环形
纽，无盘，圆肩，口微敞。素面。

錞于

西汉

2000年章丘市（现济南市章丘区）洛庄汉墓14号陪葬坑出土（P14B：1）

现藏济南市考古研究院

口径24.7×20.9厘米，肩部最宽处长径25.8、窄径22.2厘米，通高49.1厘米

　　束腰筒形，隆顶，束腰内缩，下口微敞，顶端一环形纽。腰部前后分别饰一幅浮雕鹰图案，鹰为"一笔画"，甚是罕见。两侧可见清晰的范线。

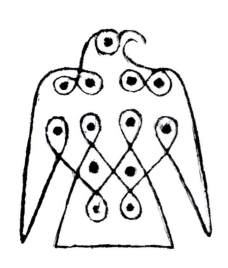

錞于

西汉
1960年山东省政府文物管理委员会移交
现藏山东博物馆
通高44、上宽27、下宽17厘米

　　椭圆体，中空，肩部鼓出，腹部向下收缩近直口，顶平，周围有翻唇。顶中部一虎形纽，虎张口，作欲扑食状。

錞于

西汉

孔府旧藏

现藏孔子博物馆

通高50、口径17.5×15.3厘米，重7.17千克

上有盘，翻唇，圆肩鼓出，向下内收为直口，口为椭圆形。有盖，顶平，上立一虎纽，虎首有一角，作昂立张口状。器盖饰有圆形方孔钱纹、鱼纹，器身素面。

戈 西汉

1979年淄博市大武乡西汉齐王墓随葬器物坑五号坑出土（5：46）

现藏淄博市博物馆

通长22.3、秘帽通长9.3、鐏长11.9、銎径3厘米，重约0.4千克

　　尖首长援，援微上翘，长胡三穿。长条形内略上翘，尾端圆弧形，近胡处细长条形穿。戈阑部和内结合部贯穿一筒形秘帽，顶饰一只回首鸳鸯，以短小的线条表现冠羽等。下有云纹鐏，銎如杏仁状。鐏与帽为纯金铸造。

戈 | 西汉
1977年巨野县红土山汉墓出土
现藏巨野县博物馆
通长20、秘帽长7.2、援长11.3、内长6.7、胡残长4.8厘米

　　援身弯曲，前端稍宽、锋稍下垂，上下均刃作、下刃延伸到胡部；阑部两个长方形穿孔。长方形内，有秘帽，内和秘帽的连接处有一方孔。秘帽扁圆柱形，饰有一鎏银栖鸟。胡端略有残缺。

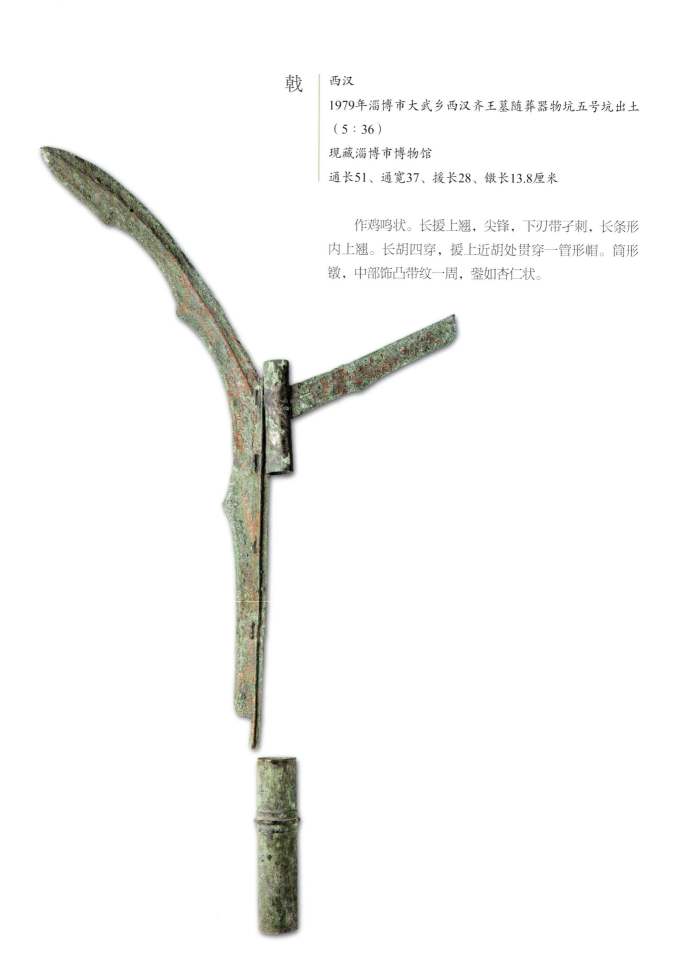

戟 西汉

1979年淄博市大武乡西汉齐王墓随葬器物坑五号坑出土
（5：36）

现藏淄博市博物馆

通长51、通宽37、援长28、镦长13.8厘米

作鸡鸣状。长援上翘，尖锋，下刃带子刺，长条形内上翘。长胡四穿，援上近胡处贯穿一管形帽。筒形镦，中部饰凸带纹一周，銎如杏仁状。

矛 | 西汉
1979年淄博市大武乡西汉齐王墓随葬器物坑
五号坑出土
现藏淄博市博物馆
矛长22.1、叶宽3.2、镦长15.5、镦径2.7厘米，
矛重0.2、镦重0.127千克

　　叶和骹长相等，矛叶断面呈空心菱形，骹
孔伸到矛叶中，骹中部饰一半环形纽，后部略
粗，有圆形銎，附圆管形镦，銎呈杏仁状。

弩机 | 西汉
1976年巨野县红土山汉墓出土
现藏巨野县博物馆
通高18.6、残长11.9、郭身2.7、郭前端宽2.1、郭后端宽3.2、望山高9厘米

　　郭身前窄后宽，后端呈长方形，面刻箭槽，两键固定牙，一端有圆穿。钩心和悬刀于郭下。郭身一侧浅刻铭文。

虎符

西汉

吴式芬旧藏

现藏山东博物馆

高2.5、长7.5厘米

　　呈伏虎状，为左半。虎背中间有错金银文字（半文）："玄兔（菟）太守为虎符。"左侧错银文一行："玄兔（菟）左二。"

车
軎

西汉

1979年淄博市大武乡西汉齐王墓随葬器物坑四号坑出土（4：30）

现藏淄博市博物馆

同出2件，形制相同

軎身长7.1～7.4、粗端径7.7、细端径4厘米，重0.811、0.767千克

    軎身呈筒状，内端较粗，軎身中端饰宽带凸弦纹一周，軎身饰错金流云纹和齿纹，辖为长方形，辖首为兽首。

车軎

西汉

1996年长清县（现济南市长清区）双乳山汉墓出土

现藏济南市长清区博物馆

通长5、外侧直径3.8、内侧直径6厘米

　　軎身筒形，中间有一凸棱，附有车辖，并与铁铜锈成一体，辖头呈兽面形，辖身为长方条状。軎身饰有四层错金银云雷纹。外端有敲击痕迹。部分错金银脱落。

车軎 | 西汉

1970年曲阜县（现曲阜市）九龙山汉墓出土

现藏山东省文物考古研究院

同出2件

一件通高5.3、通宽6.4厘米，另一件通高5.6、通宽6.5厘米

　　軎身筒形，中间存一凸棱，内端较粗，附有车辖，辖头兽面形，辖身为长条形，上有细密的云纹、斜线纹。

衡笄 | 西汉
1996年长清县（济南市长清区）双乳山汉墓出土
现藏济南市长清区博物馆
通高4.5、外径4.1、内径3.6厘米

　　呈圆柱状，封顶中空，中间一周凸出的棱箍，下侧有穿孔。鎏金稍有脱落。

衡笄

西汉
1970年曲阜县（现曲阜市）九龙山汉墓出土
现藏山东省文物考古研究院
通长6.6、直径2.5厘米

　　圆筒形。封顶中空，居中有两道凹槽。器身遍布细密的云纹。

衡
箭

西汉

征集

现藏青岛市博物馆

同出2件

通高3.7、口径3.2厘米

　　直壁圆筒形，器身中部有一周凸棱。周身
与顶部纹饰采用镶嵌金银工艺，主要为云纹，
有脱落现象。

衡
笞

西汉
1970年曲阜县（现曲阜市）九龙山汉墓出土
现藏山东省文物考古研究院
同出2件，形制、大小基本相同
一件通高4.1、直径4.1厘米，另一件通高4、直径4厘米

直壁筒形，居中有一凸棱。保存基本完好，上有错金银云纹。

环 | 西汉
1996年长清县（现济南市长清区）双乳山汉墓出土（M1D：166-1～M1D：166-4）
现藏济南市长清区博物馆
同出4件，形制、大小相同，纹饰细部稍有差别
外径3.5、内径1.8厘米

　　圆形。一面素面，一面错金银纹饰。纹饰图案为对称的金山、银山，奔跑的鹿、狗、兔子和飞禽各一，变形云纹，线条细如发丝。

环 │ 西汉
1996年长清县（现济南市长清区）双乳山汉墓出土（M1D：6）
现藏济南市长清区博物馆
外径6、内径4厘米

环为一面平的圆环。除宽平的一面外余皆饰错金银云雷纹。

轙 | 西汉

1996年长清县（现济南市长清区）双乳山汉墓出土

现藏济南市长清区博物馆

高5.4、宽7、厚1厘米

器物呈Ω形。外露部分均饰错金银云雷纹。

辖 | 西汉

1970年曲阜县（现曲阜市）九龙山汉墓4号墓出土

现藏孔子博物馆

同出2件，形制、大小相同

通高11.1、通宽11厘米，总重0.742千克

器物呈U形，通体鎏金，饰有两条透雕回首螭龙。

轴饰

西汉

1996年长清县（现济南市长清区）双乳山汉墓出土

现藏济南市长清区博物馆

通长10.5、宽10厘米

　　呈铲形，内侧呈板状，有一穿。正面凸背面凹，凸出部分一兽面形。兽面
上浮雕表现出两眼、两耳、鼻子、嘴和胡须。外侧鎏金，鎏金稍有脱落。

轴
饰

西汉
1996年长清县（现济南市长清区）双乳山汉墓出土
现藏济南市长清区博物馆
通长7.1、下宽6.2、上宽2.6、厚1.5厘米

　　呈铲状，外侧面正面凸背面凹，内侧呈平板状，下有一突出的榫。表面饰有错金银云纹饰，纹饰呈对称状。边缘微残，一处错金银云雷纹饰稍有脱落。

轴
饰

西汉

1970年曲阜县（现曲阜市）九龙山汉墓出土

现藏山东省文物考古研究院

通长7.8、通宽6.1厘米

　　呈铲状，外侧面正面凸背面凹，内侧呈
平板状，下有一凸出的榫。表面饰有细密的
云纹。

较 | 西汉
1996年长清县（现济南市长清区）双乳山汉墓出土
现藏济南市长清区博物馆
通高6、长24.5厘米

呈 [形，两端下分别有一小穿孔。外侧有错金银云纹饰，纹饰稍有脱落。

承弓器

西汉
1996年长清县（现济南市长清区）双乳山汉墓
出土
现藏济南市长清区博物馆
通高11.2、长24.2厘米

前端为一昂首曲颈的兽首，兽首的两耳、两眼、鼻子、嘴、胡须浮雕状，酷似豹首。后端为长方筒状，上有一穿。通体鎏金，部分鎏金脱落。

盖弓帽

西汉

1996年长清县（现济南市长清区）双乳山汉墓出土

现藏济南市长清区博物馆

同出22件，形制、大小相同

通长12～12.8、径1.3、厚0.1厘米

　　端呈长筒状，一端呈如意状，顶部中间饰浮雕熊首。4件微残，局部有砂眼；2件经修复；16件完整。均通体鎏金。

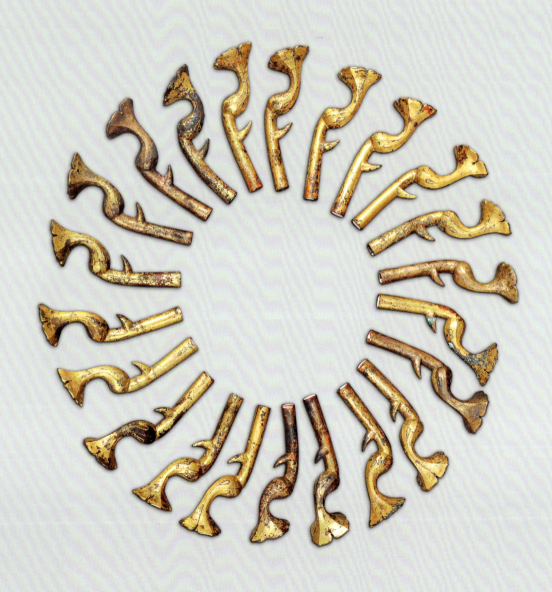

俾倪 | 西汉
1996年长清县（现济南市长清区）双乳山汉墓出土
现藏济南市长清区博物馆
通长21.8、上径5.5、下径5.1厘米

圆筒形，一端有凸棱，另一端外侧有纽，纽上有穿，口部略粗呈接口状。有纽端与另一节俾倪相套接，连成一整体。通体鎏金，部分鎏金脱落。同出4件。

鐏 | 西汉
1977年巨野县红土山汉墓出土
现藏巨野县博物馆
同出2件
一件长23.1、最大直径3.8厘米，另一件长23.1、最大直径3.2厘米

　　截面呈椭圆形，中上部饰凸棱一周，中空，銎内留有竹柲。器表以错金银
工艺饰变形卷云纹。

| 轭 角 | 西汉
1996年长清县（现济南市长清区）双乳山汉墓出土
现藏济南市长清区博物馆
通高4.4、长8.5、宽4.3厘米 |

　　呈兽形。两眼凸出，厚唇大嘴，嘴上部中间有三道凸棱形成兽鼻。兽头后面有向下弯曲的三个角，角的尾部呈锯齿状。背部饰有云纹。通体鎏金，部分鎏金脱落，有锈蚀。

当卢

西汉

1970年曲阜县（现曲阜市）九龙山汉墓出土

现藏山东省文物考古研究院

通长27.7、通宽5.5、厚1.7厘米

　　通体长条叶形，一头尖、略宽，一头圆钝。上有错金的云纹装饰。

当卢

西汉

2000年章丘市（现济南市章丘区）洛庄汉墓9号陪葬坑出土（P9：81）

现藏济南市考古研究院

长16.5、宽7.8、厚1.4厘米

　　整体呈三角叶形，镂空浮雕，背面有两竖一横三环纽，用于引皮绳。主题
图案为一卷曲的骏马，辅以变化的云纹和鸟纹。正面、侧面鎏金，

马镳 | 西汉
1996年长清县（现济南市长清区）双乳山汉墓出土
现藏济南市长清区博物馆
通长27.5、直径0.5～0.9厘米

　　略呈S形。中段铁质，并有两穿。两端铜质，并嵌金银，其图案为：内侧流云纹，外侧山形纹饰，之间刻有奔跑的虎和野猪，一鸟、一犬、一鹿皆作飞奔状。点状镶嵌及部分金丝稍有脱落。中段铁质锈蚀，经修复。

泡 | 西汉
1979年淄博市大武乡西汉齐王墓随葬器物坑四号坑出土
现藏淄博市博物馆
通高5.7、宽5.4厘米

　　牛首形，嘴和两角的背面有梁。鎏金。同出14件，
形制、大小相同。

灯盘 | 西汉

1989年昌乐县东圈村出土

现藏昌乐县博物馆

通高2.5、直径18.7厘米，重749克

口微侈，浅盘，平底。盘内正中有一圆锥形钉。盘沿外面有铭文一行，共十七字："蕾川宦谒右般北宫豆，元年五月造，第十五。"

114

灯台

西汉

2003年平度市蓬莱前村出土

现藏平度市博物馆

通高38、通宽26、猴子高8厘米

树形，灯柱由大小四分枝组成，互相焊接，对称分枝上各托一盏灯盘，灯盘缺失，现只剩下底托。灯盘上方有对称分枝向下弯曲。两侧枝上各立一只小鸟，足部铆接于枝。小鸟平视树干。树干上方伏有一蝉，焊接于树干。蝉下方栖有一螳螂，螳螂腹有铆钉，铆接于树干。蝉昂首，作凝视状。蝉、螳螂、鸟上下排列，错落有致，寓"螳螂捕蝉，黄雀在后"。灯座为一方形平台，有一猴子蹲坐于台上，猴子双手环抱树干，憨态可掬。

灯 | 西汉
　　　 馆藏
　　　 现藏烟台博物馆
　　　 通高14.7、直径15.2厘米，灯盏高8.7、灯盏直径12.8、底座径6.3厘米

　　　外观呈敦式，形制特殊。扁圆腹，子母口，器、盖上均有环纽，盖有圆形
提手。器腹内有圆筒形柱，内可放置豆形灯。豆形灯可以拿出单独使用。

炉 西汉

1979年淄博市大武乡西汉齐王墓随葬器物坑五号坑出土

现藏淄博市博物馆

通高15、口径9、腹径11.8、足径6.8厘米

炉体敛口作子口，鼓腹，腹部微凸起一周带纹，饰一对铺首衔环。柄形座中部略凸，底呈圈足状。弧形盖，盖沿延伸作母口，顶饰一环纽，周围透雕盘龙两条，首尾衔接，龙身蜷曲盘绕。底座外缘镌刻铭文"今二斤十二两"。圈足内尚有铭文，辨识不清。通体鎏金。

炉 | 西汉

2000年平度市界山汉墓出土

现藏平度市博物馆

通高15.4、口径10.4、腹径12、圈足底径7.3厘米，盖径10.6、盖高3.2厘米

炉身为豆形，子母口，弧腹较深，腹侧附二铺首衔环，长柄，圈足；柄上部较直，中部鼓出，近圈足处向内弧收。圆弧形盖，中部附圆纽提环，纽四周穿四孔。盖面镂雕三组龙纹，腹饰三道凸棱。通体表面鎏金。同出2件。

炉 西汉

1996年长清县（现济南市长清区）双乳山汉墓
出土

现藏济南市长清区博物馆

通高13、口径9.5、足径7.3厘米

炉身豆形，子母口。微鼓腹，圜底，腹外两侧附铺首衔环。熏炉盖向上微鼓，镂空，浅浮雕蟠龙纹，顶部中间饰柿蒂纹和一环形纽。腹下凸出与柄成榫卯结构，旁有一小穿，用于插销钉，柄与腹可分离。喇叭形足。

炉 | 西汉

2007年临沂市人民检察院移交

现藏临沂市博物馆

通高16.4、通宽13.4、口径8.2厘米

炉体半球形，一侧带兽柄。上有镂空的山形盖，山形重叠，其上浮雕有猛禽走兽等，象征海上仙山博山。圆盘花草形底座，中有圆柱与炉体相接。

炉 | 西汉

2009年济南市魏家庄遗址出土（M55：1）

现藏济南市考古研究院

通高23.8、盖径9.6、炉身口径9.2厘米

　　由盖、身、柄和座四部分组成。盖与身以子母口相扣合，盖为母口，呈高耸博山形，饰层峦叠嶂，中有诸多镂孔。身为子口微敛，弧腹，圜底，矮圈足；腹中上部饰一周凸圈带，其下一周凸棱。柄为一昂首、展翅的站立朱雀，其顶上置一矮筒形榫卯结构，套入炉身圈足中。座为一玄武，作龟昂首匍匐状，蛇缠绕于龟身体两侧。

炉 | 西汉
1981年黄县（现龙口市）徐福街道乾山村出土
现藏龙口市博物馆
通高17、口径11.3、底径7厘米，重1.386千克

　　由盖、豆形炉身、盘三部分组成。炉豆形，子口，圆腹，炉腹部有铺首衔环。山形镂空盖，香炉与圆盘之间有一圆柱。

炉 | 西汉
1977年潍县（现潍坊市）青冢子汉墓出土
现藏潍坊市寒亭区博物馆
通高18.2、腹径12、底径21.4厘米

　　熏炉豆形，下有浅盘。圆形炉体，盖作镂空形，低矮圈足，底带托盘，一侧合页联接，两侧有环纽衔铜环。

炉 | 西汉

1985年诸城县（现诸城市）杨家庄子瓦厂木椁墓出土

现藏诸城市博物馆

通高15.8、底盘径17.3厘米，雁长18.3、宽10厘米，重0.83千克

　　熏炉为雁形，仰首，长颈，雁背为熏炉，盖有镂空装饰，雁足立于圆盘底座。圆盘尖唇，折沿，斜腹，平底，底部有三孔，与雁足相接。

炉 | 西汉
1977年昌邑县（现昌邑市）出土
现藏山东博物馆
通高12、长21厘米

　　炉呈长方形，四蹄足，下接长方形托盘。炉壁、炉底均有长方形镂孔，炉壁口上有宽沿，沿上起镂空弧壁。炉侧有活柄，较细一端插入炉底方孔中，另一端为方錾，可插木柄，以便端持。盘宽平沿，平底。

炉 | 西汉
1977年巨野县红土山汉墓出土
现藏巨野县博物馆
通高10.6、通长21.8、通宽12、足高1.5厘米

　　椭圆长方体。口沿向内平折，直壁、平底，四角各有一兽面蹄形足。四壁纹饰分上下两层，上层镂雕三角形纹，下层镂雕三角形纹与菱形纹；箅为规矩纹。箅下设一平底，其上分别对称设有四组长方形镂孔。

炉 | 西汉
1979年淄博市大武乡西汉齐王墓随葬器物坑一号坑出土（1：53）
现藏淄博市博物馆
通高17.3、通长31、通宽22厘米

　　通体方形。炉壁中腰向内折收，有箅子。前后两壁镂条形通气孔，下附四
蹄足。炉体前后饰一对铺首衔环，四壁镂条形通气孔（一壁八条，另一壁十一
条），箅子镂规整的三角孔，有八排116个。覆斗形盖，上饰一对铺首衔环，
盖顶有椭圆形口，可置耳杯温酒。

量 | 西汉
1999年章丘市（现济南市章丘区）洛庄汉墓出土
现藏济南市考古研究院
通高6.6、通长22.2、通宽11.3厘米

整体作有柄勺形。勺部分平面作椭圆形，敞口，深腹，平底。柄中空，剖面作马蹄形。勺部腹部外壁有铭文："五年都水车府锡平氏丘。"

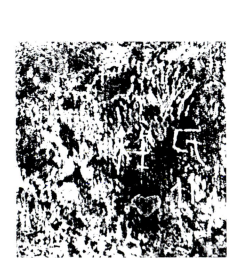

量 | 西汉
济南市章丘区洛庄汉墓出土
现藏济南市考古研究院
通高6.6、通长22.2、宽11.3厘米

　　量体开口为椭圆形，弧腹，收成小圈底近平，一侧有管
状鋬，截面呈U形。鋬上有铭文："程氏口。"

量 | 西汉
济南市章丘区洛庄汉墓出土
现藏济南市考古研究院
通高5.6、通长23、宽9.5厘米

　　量体呈椭方体，微敞口，直壁，平底。圆形管状銴，近末端有一穿。銴与量体衔接处有铭文"程"。

量　西汉

2000年章丘市（现济南市章丘区）洛庄汉墓陪葬坑出土

现藏济南市考古研究院

通高5.8、口径8、底径6.2、柄长5厘米

作有柄勺形。量体呈上大下小圆筒形，斜直壁，平底，短柄中空。

权 | 西汉
2001年济南市腊山汉墓出土（M1：64、M1：65、M1：66）
现藏济南市考古研究院
同出3件，形制相似，大小相次
从大到小依次重232、54.1、12.5克

均半球形，顶有纽，平底。

M1：64，上下书有"一斤"的铭文。M1：65，上下书有"四两"的铭文。M1：66，从右到左书写有"一两"的铭文。

带
钩

西汉

征集

现藏齐文化博物院

通长16厘米

　　通体嵌以金银丝，表面浮雕禽兽纹饰。钩尾，镂钩嘴长冠，双手抱鱼体。钩首，口含料珠。背嵌银质隶书铭"丙午钩口含珠手抱鱼"。

带钩 ｜ 西汉
1952年山东省人民政府文物管理委员会移交
现藏山东博物馆
通长16.5厘米

　　钩体呈长条圆棒形，略弧曲，螭首，纽在钩体中部。钩面有错银菱形纹，钩后段下方用黄金错出"延寿金钩"四字。

带钩 | 西汉
    | 征集
    | 现藏青岛市博物馆
    | 通长12厘米

　　带钩兽首棒形，下端中央有圆钉柱，前端
曲首作钩。纹饰采用错金工艺，钩面饰云纹，
钉面饰有对称草叶纹。背面前端有铭文"宜侯
王大吉祥"。

带钩 | 西汉
1999年10月公安局移交
现藏青州市博物馆
通长7.3厘米

　　整体呈琵琶形，身较短，兽首，宽身。上有错银的纹饰。

带钩

西汉

1973年莒南县十字路街道大曲流河村西墓葬出土

现藏莒南县博物馆

通长14.9厘米

钩首呈兽首形，钩身作浮雕兽形。钩身镶嵌绿松石，通体鎏金，有脱落。

钩 | 西汉
1979年淄博市大武乡西汉齐王墓随葬器物坑四号坑
出土
现藏淄博市博物馆
通长6.3厘米，重0.044千克

　　两端作龙首形，一端龙首张口作鋬，凸目，长
角。饰鎏金齿纹和弦纹。出土时内有朽木。

144

镇 | 西汉

安丘市杞城村出土

现藏安丘市博物馆

通高5.5、最大底径7.4厘米，重0.752千克

　　整体作一骆驼卧地状。驼首作略前伸、张口状，短身肥壮，四肢卷曲。器身用短直线纹、卷云纹等表现驼身的毛发等。

镇 │ 西汉
1993年郯城县白溪汪村汉墓出土
现藏郯城县博物馆
一组4件，形制、大小相同
单件高4、足径6×4.5厘米，重0.205千克

作鸳鸯躯体蜷伏成半球状，头部作回首状，头与颈伏着于背正中，造型紧凑，上部浑圆，底部面积较大，底呈椭圆形。器身通体鎏金，脱落严重。

镇　西汉

1973年诸城县（现诸城市）马庄公社上灌津
大队锡山西南麓出土

现藏诸城市博物馆

现存3件，形制、大小相同

通长12.2、宽12、高6.1厘米

　　豹形。仰首，张嘴，曲身，四足着地，
兽身脊背成凹槽状，尾残。通体鎏金，脱落
严重。

镇 | 西汉

1990年寿光市孙家集街道呙宋台遗址出土

现藏寿光市博物馆

现存2件，形制、大小基本相同

高6.1、底宽9厘米

卧牛形。身体蜷伏状，头部置于后股上。鎏金大多脱落。

镇 | 西汉
披县平里店公社麻后村汉墓出土
现藏烟台市博物馆
通高6.6、宽7.2、长11.5厘米

　　卧鹿形。内中空，内原应有镶嵌的贝壳。

镇 | 西汉
2011年青岛市土山屯汉墓M11出土
现藏青岛市黄岛区博物馆
同出2件，形制、大小相近
一件高6.2、长8.5、底最宽5.4厘米，另一件高约5.8、长约8.7厘米

凤鸟形。凤鸟回首啄背、尾分歧。凤身与尾部羽毛明显。

其一

其二

镇 | 西汉
1987年临沂地区（现临沂市）石家屯村
原诸葛墓出土
现藏临沂市博物馆
同出3件
分别高9、宽6.4厘米，高8.3、宽8厘米，
高9.2、宽4.8厘米

三镇呈人形，踞坐，身着交衽长衫。
第一件髻梳于脑后，左袖高挽，左手撑于
左腿之上，右手举起，体前倾。第二件头
梳高髻，颈微缩，两手分放于双腿之上，
左手触地，左肩稍耸，右肩略低。第三件
头梳高髻，颈微缩，两手交握放于左腿之
上。局部错金。

其三

其二

其三

镇 西汉

2010年济南市魏家庄遗址出土（M168：10、M168：11、M168：12、M168：19）

现藏济南市考古研究院

同出4件

M168：10，通高8.9厘米；M168：11，通高9厘米；

M168：12，通高8.1厘米；M168：19，通高7.6厘米

　　均为人形跪坐俑，身着宽袖长袍，头上绾髻裹巾。

　　M168：10，头戴帽，包至下颚，身着右衽长袍，体左倾、左肩耸起，左手撑地于两膝间，右手作托物状举于右肩处。头微偏左，闭嘴鼓腮，怒目圆睁。

　　M168：11，身着长袍，右肩及右臂坦露，体左倾、左肩耸起，左手作托物状举于头左侧，右手扶于右膝。目视前方，张嘴大笑。

　　M168：12，身着长袍，右肩及右臂坦露，身前屈，左手撑地于左膝前，右手前伸作托物状。面呈笑意，似为索要之势。

　　M168：19，身着右衽长袍，袒左肩、体右倾、右肩耸起，右手于体右后侧撑地，左臂弯曲、肘支于左膝上、手下垂于左膝内侧。低头作锁眉闭目状。

M168：10　　　　M168：11　　　　M168：12　　　　M168：19

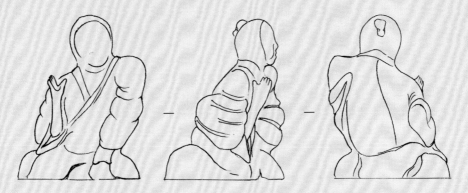

M168：10

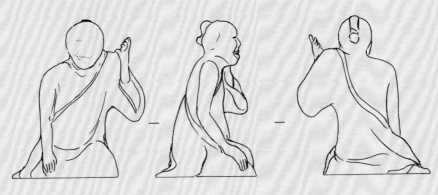

M168：11

M168：12

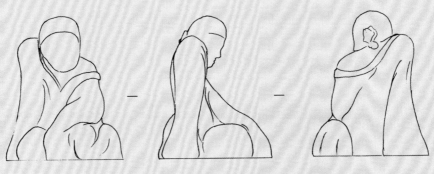

M168：19

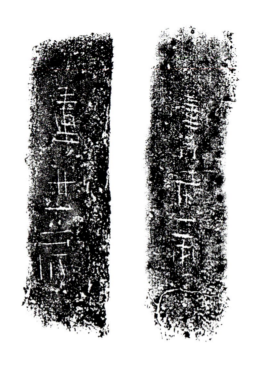

臼、杵

西汉

1977年巨野县红土山汉墓出土

现藏巨野县博物馆

铜臼高13.5、口径15、口沿厚0.7、腹径48、底径11厘米，

铜杵长35.5厘米

铜臼呈深腹碗状，直口，腹下部渐收为平底，底缘外折呈假圈足状。腹上部饰有凸棱一周，素面。口沿一侧刻有铭文："重廿一斤。"铜杵呈棒状，刻有铭文："重八斤一两。"

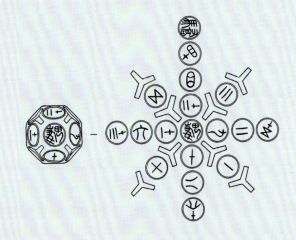

骰子　　西汉
1979年淄博市大武乡西汉齐王墓随葬器物坑五号坑出土（5：27）
现藏淄博市博物馆
同出2件，大小相似，形状相同
直径5.4～5.6厘米

　　空心，内有小铜块。共18个面，其间镂八个三叉形孔。球面错银，在18个
面上分别错出"一"至"十六"以及"骄"和"翾"字。

骰子 | 西汉
　　　| 陈介祺旧藏
　　　| 现藏山东博物馆
　　　| 直径6厘米

　　多面球体，共18个面。每一平面均为圆形，多数平面上有一篆文数字，如三、六、八、九、十二等，少数为汉字。球面间有镂孔及圆乳装饰。

漏筒

西汉

1977年巨野县红土山汉墓出土

现藏巨野县博物馆

高79.7、口径47.4、底径47.4、腹围151、壁厚0.8、
腹部铜环直径11.6厘米

　　圆筒形，方唇，直壁，素面。腹部饰有两对称铜
环，据器底5厘米处有一圆孔，孔外壁铸有一杯状器。

铜镜

西汉

1979年淄博市大武乡西汉齐王墓随葬器物坑
五号坑出土（5：19）

现藏淄博市博物馆

通长115.1、通宽57.7、厚1.2、纽长5、
纽宽3.5厘米，重56.5千克

　　长方形。背面花纹凸起，线条刚劲流
畅。边缘饰连弧纹，四角及中间有五个拱
形三弦纽。柿蒂纹座，其间饰龙纹。龙神
卷曲，张嘴吐舌，栩栩如生。

饰件

西汉

1985年淄博市临淄区稷山汉墓出土

现藏齐文化博物院

通高6.9、宽6.3厘米

　　饰件呈虎首形，兽面双目突出，双眉宽大，额部似桃尖，双孔低鼻，张口露齿。正反均为相同的兽面。通体鎏金。

饰件 西汉
1979年淄博市大武乡西汉齐王墓随葬器物坑四号坑出土（4∶25）
现藏淄博市博物馆
通高2.7、长4.7、宽4.7厘米，重70克

　　虎首形，无颈，后下部有銎，虎首浮雕状，圆目，立耳，张口。面部有鎏金。

饰件

西汉
1985年淄博市临淄区稷山汉墓出土
现藏齐文化博物院
通长25、宽14厘米

饰件分为上下两部分。下部为长条形,下承两长条形支柱,侧面形似长条凳;上部中间圆环意为玉璧,周围环绕透雕的交缠凤鸟纹。上部圆环两侧凤鸟纹对称布局,与下部连接形成等腰三角形。通体鎏金。

包
角

西汉

1979年淄博市大武乡西汉齐王墓随葬器物坑一号坑出土

现藏淄博市博物馆

同出4件，形制、大小相同

边长13.9、宽6、高2.8厘米，总重1.686千克

平面呈直角状，边缘下折形成凹槽。花纹上浅刻"綮人"。表面饰鎏金流云纹和齿纹。

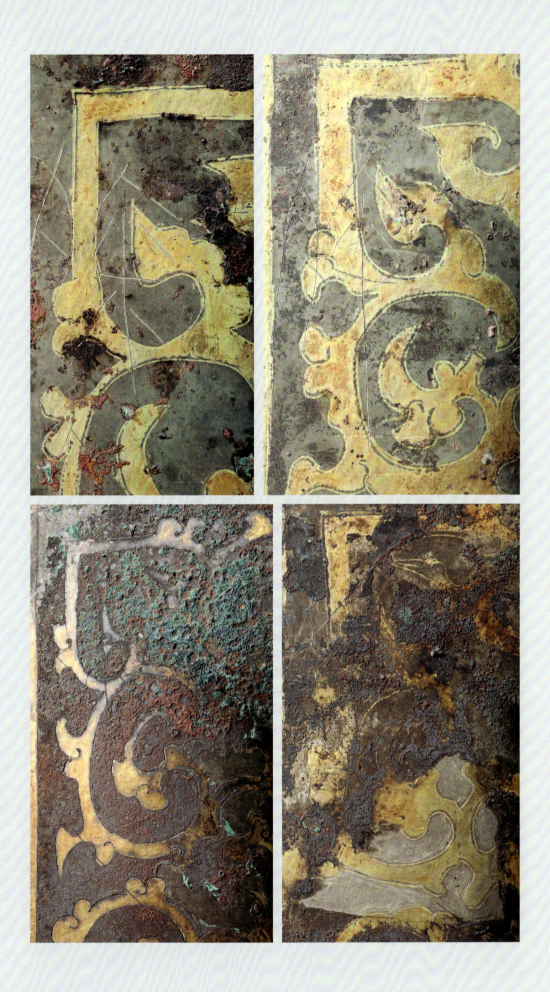

西汉

章丘市（现济南市章丘区）洛庄汉墓出土

现藏济南市考古研究院

通长1.7、宽3、高2.45厘米，重0.015千克

整体作一熊形。表面鎏金。

器足 | 西汉
1985年淄博市临淄区稷山汉墓出土
现藏齐文化博物院
同出2件，形制、大小相同
高4.6、宽3.9厘米

　　整体呈蹲熊状。圆目凸出，双耳竖立，张口露齿，前肢弯曲置后肢上，一只后肢呈半跪状，掌趾和脚趾凸出明显。从背面看，熊足中空，嘴后部有凸出的短柄。应是方形漆木器的支足。通体鎏金。

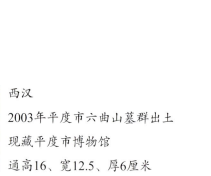

凤鸟

西汉
2003年平度市六曲山墓群出土
现藏平度市博物馆
通高16、宽12.5、厚6厘米

　　凤鸟呈站立式，高扬头冠，挺胸，羽翅开张，尖喙下弯如鹰嘴，圆眼凸出，嗉部饱满，两羽饰多条棱型花纹，两腿分开，粗壮有力，爪部平底。凤鸟背部上半部分削掉约三分之一厚度并掏空，在裆部形成小台。铸有两只榫钉。出土时存有似胶质类物质，有布纹，疑从木质器或漆器脱落，据此推断此凤鸟饰件应是木质器或漆器足。

168

凤鸟 | 西汉
2003年平度市六曲山墓群出土
现藏平度市博物馆
通高16、宽6、厚2厘米

　　站立式，挺胸仰头，尾上扬，翅上卷，似在啼鸣。两翅为卷云纹饰，可插入鸟体方孔。底部呈方榫状，此凤鸟饰件可能是与木质器座相连的佩件。同出5件。

凤鸟

西汉

1983年淄博市临淄区稷山汉墓出土

现藏青州市博物馆

同出2件，形制、大小相同

通高11.2厘米，均重0.178千克

　　上为一凤鸟，下为长方形榫。凤鸟作立身长尾状，口微张，冠后扬而上翘，长颈，瘦身，尾分歧，短尾下垂，长尾上扬而外卷。

立马

西汉
临沂市曹王庄出土
现藏临沂市博物馆
通长9.2、通宽3、通高8.16厘米

体形粗壮、四肢粗短的矮马形象。马张口，正视前方，尖耳竖立，短鬃，短尾。

钱范

西汉

1976年平度县（现平度市）即墨故城遗址出土

现藏平度市博物馆

通长24、宽9.5、厚1.5厘米

　　为正面范，整体大致呈长方形，有浇注口一侧稍窄，呈柄状。柄右侧阴刻小篆体"廿九"，左侧有三角形定位榫，底端有三棱形定位榫。钱范中间有主槽，上宽下窄，支槽通钱模。属直流分铸工艺。主槽两侧各有钱模6枚，支槽相通。钱模中为方穿，阴刻小篆体"五铢"分列穿两侧。钱范背素面，较为粗糙，中间对应主槽凸起，不使主槽底变薄，提高钱范强度。同时在浇注口端横有一条凸起，亦为加强作用。合范面光滑。

钱范

西汉

1979年诸城县（现诸城市）昌城公社辛庄子村出土

现藏诸城市博物馆

通长25.7、宽9.5、厚2.1厘米，重1.96千克

　　为正面范，呈圆角长方形，范面中心有一条注铜液的长槽，两侧并列单行五铢钱模各6枚，"五"字交股两笔上下端外撇；"铢"字的"金"旁字头作三角形。"铢"字上部转角处方折，具有明显的西汉五帝时期的五铢钱的特征。在范的一侧有两只直榫，底部一只直榫，范背面一穿鼻。

钱
范

西汉

馆藏

现藏兰陵县博物馆

通长23、宽8.6厘米

　　仅存正面范，背面范已失。一端有浇注口，另一端和侧面有空位榫。背面有二组。有五铢钱模12枚，局部略有残损。

钱范 | 西汉
1991年兰陵故城出土
现藏兰陵县博物馆
通长22.7、宽7.2、厚0.6厘米

　　正面范,长方形,范面顶部中有漏斗状浇口,通主槽、支槽,与钱模连结,共两行12枚。钱范一侧及底部有三方系口。

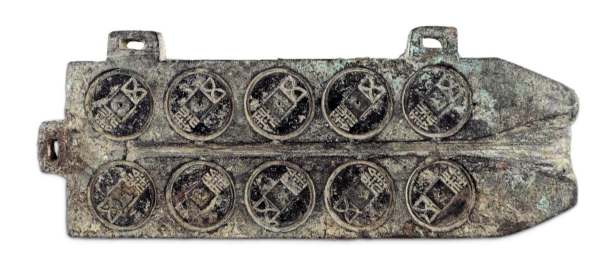

钱范

西汉

1979年寿光县（现寿光市）文家街道
老庄出土

现藏寿光市博物馆

通长23、宽9～10厘米

　　仅存正面范，整体长方形，浇口一端
宽，浇槽由外向内逐渐变细。上有12枚五
铢钱范。

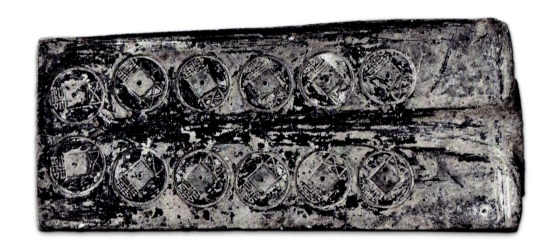

蚕 | 汉
安丘市吾城遗址出土
现藏安丘市博物馆
通长5、横径最宽约1厘米

粗短蚕形，一端略圆钝，身有裂纹。

蚕 | 汉
安丘市吾城遗址出土
现藏安丘市博物馆
同出2件，形制、大小基本相同
通长5.5、横径约0.5厘米

较细长，作一蚕俯身贴地状，翘首，尾稍抬。

衡 │ 新莽

2017年邹城市邾国故城J3出土（J3①：39）

现藏山东大学博物馆

残长120.5、宽9.6～9.7、厚3.2厘米，衡纽底宽5.2、高10.3、厚1.5～2厘米；

方形穿孔边长1.9～2厘米，悬宽1.5～2、高3.32厘米，圆形穿孔直径0.9厘米

　　残存左侧部分，断裂处不甚整齐。残存部分为横杆形，横截面呈长方形，顶部圆弧，右端顶部有一平面略呈梯形的纽，上部有方形穿孔。左端设悬，悬上有一横向圆形穿孔。纽下有铭文十五字，为直书左行，除第八行外，每行四字，包括两个重文符号。铭文为："龙集戊辰、戊辰直定、天命有民、据土德受、正号即真、改正建丑、长寿隆崇、同律度量衡、稽当前人、龙在己巳、岁次实沈、初班天下、万国永遵、子子孙孙、亨传亿年。"右侧还有"岁""大""梁"等残字。衡表面为锈蚀物及板结物所覆盖，铭文位置有十余个大小不一、平面呈方形或者长方形的灰绿色锈斑，性质与成因不明。J3出土衡1件，权4件，方版3件。

权 | 新莽
2017年邹城市邾国故城J3出土
现藏山东大学博物馆
同出4件，保存均完好，圆环形，环身横断面略有不同
J3①：46：直径6.7、孔径2.3、高3.64厘米，重0.7375千克；
J3①：47：直径9.7、孔径3.2、高5.05厘米，重2.2227千克；
J3①：48：直径16.8、孔径5.3、高5.9厘米，重7.649千克；
J3①：49：断面呈圆形。直径27.5、孔径7.9、高9厘米，重29.775千克

    J3①：46，断面近椭圆形。表面光滑，穿孔内壁较粗糙，上、下两面平整，应为校准后打磨所致。侧面及侧上方有铭文四行十五字。内容为："律三斤。始建国元年正月癸酉朔日制。"

    J3①：47，断面呈椭圆形。表面光滑，穿孔内壁有若干缩孔及竖向打磨痕迹，上、下两面也经校准磨平。侧面及侧上方有铭文四行十五字，内容为："律九斤。始建国元年正月癸酉朔日制。"

    J3①：48，断面近椭圆形。表面光滑，穿孔内壁略显粗糙，有若干凹痕。上、下两面亦经磨平。侧面及侧上方有铭文四行十八字，内容为："律权钧，重卅斤。始建国元年正月癸酉朔日制。"

    J3①：49，表面较粗糙，穿孔内壁有竖向打磨痕迹，上、下两面打磨痕迹不甚明显。一侧上方有铭文二行六字，内容为："律权石，重四钧。"另一侧与之相对位置为诏书铭文，共计二十行，除第十五行为五字外，其余各行均为四字，包括重文二字，共计八十一字，内容为："黄帝初祖、德币于虞、虞帝始祖、德币于新、岁在大梁、龙集戊辰、戊辰直定、天命有民、据土德受、正号即真、改正建丑、长寿隆崇、同律度量、衡稽当前、人龙在己巳、岁次实沈、初班天下、万国永遵、子子孙孙、亨传亿年。"

J3① : 46

J3① : 47

J3①：48

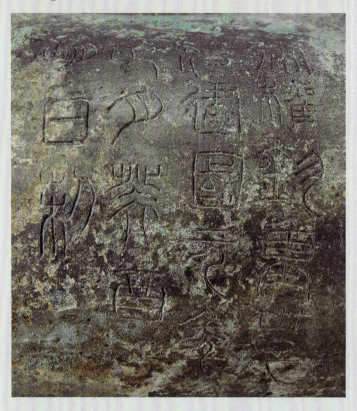

J3①：49

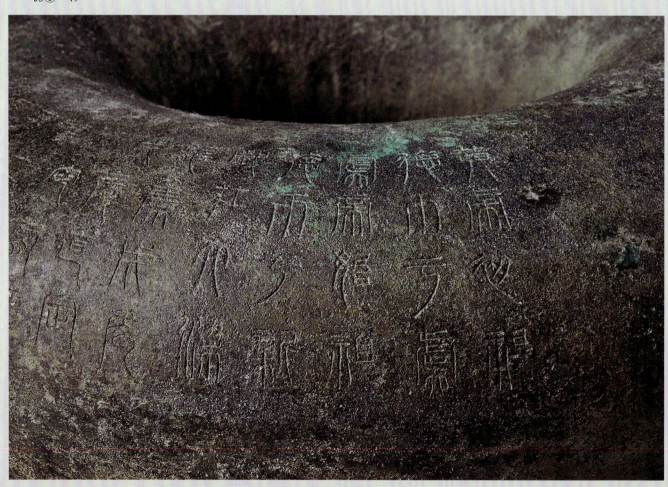

方版 | 新莽
2017年邾国故城J3出土
现藏山东大学博物馆
同出3件
J3①：40：正面边长25.5～25.9、反面边长25.4～25.7、厚0.48～0.62厘米
J3①：41：正面边长25.7～26.1、反面边长25.6～25.9厘米
J3①：45：保存较完整，正面边长23.6～23.9、反面边长23.5～23.7、
厚0.45～0.54厘米

平面近方形，正面略大于反面，断面呈倒梯形。上、下及左侧边缘经打磨修整，右侧边缘未经打磨，略显粗糙。

J3①：40，保存完整，浅褐色。正面平整光滑，反面锈蚀严重。正面中部有铭文九行，每行九字，含两个重文，共八十一字。内容为："黄帝初祖、德巾于虞、虞帝始祖、德巾于新、岁在大梁、龙集戊辰、戊辰直定、大命有民、据土德受、正号即真、改正建丑、长寿隆崇、同律度量、衡稽当前、人龙在己巳、岁次实沈、初班天下、万国永遵、子子孙孙、亨传亿年。"

J3①：41，保存完整，深绿色。正面平整光滑，反面锈蚀较严重。右侧边缘凹凸不平。正面中部有铭文九行，每行九字。铭文内容为："黄帝初祖、德巾于虞、虞帝始祖、德巾于新、岁在大梁、龙集戊辰、戊辰直定、天命有民、据土德受、正号即真、改正建丑、长寿隆崇、同律度量、衡稽当前、人龙在己巳、岁次实沈、初班天下、万国永遵、子子孙孙、亨传亿年。"

J3①：45，仅右下角略残，青绿色。表面锈蚀，正面及反面均有缩孔，上、下及左侧边缘经打磨修整，右侧边缘未经打磨，略显粗糙。正面中心及四边正中铭文七字，中间为"黄金"，上为"布"，下为"铜泉"，左为"帛"，右为"絮"。

J3①：40

J3①：40

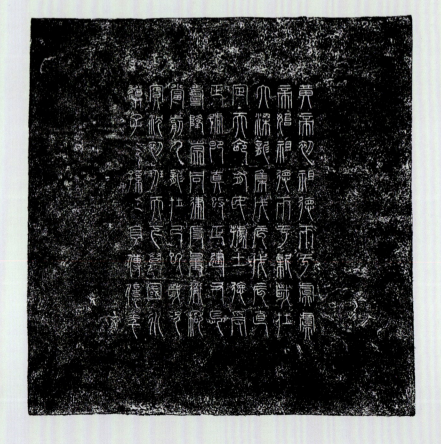

184

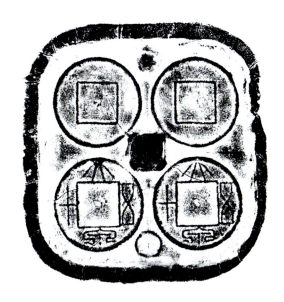

钱
范

新莽

1976年栖霞县（现栖霞市）苏家店镇出土

现藏栖霞市牟氏庄园管理服务中心

长6.6、宽6.7、边宽0.4、厚0.9厘米，钱径2.4厘米，重0.408千克

正面4枚钱范，上两枚为背面，下两枚为正面，钱的中部为方形穿孔。钱的外缘与方孔之间有"大泉五十"四字。背面平。

甗 | 东汉

济南市广智院街出土

现藏济南市博物馆

通高20.6厘米，甑口径13.1、甑高10.6、

甑底径6.9厘米，鬲高10.8、鬲口径5.7厘米

　　甑、鬲分体甗。甑方唇、窄平沿，颈微束，鼓腹下收，高圈足作母口以承鬲口，两立耳。甑底为直线形孔箅。鬲直口作子口，圆肩，鼓腹，弧裆，三袋状尖足，肩上小耳一对。甑、鬲腹部各饰弦纹一周。

壶 | 东汉
1980年苍山县（现兰陵县）柞城故城遗址出土
现藏兰陵县博物馆
通高39.5、口径16.5、底径14、足径25厘米

盘口，平沿，束颈，鼓腹，六棱式高圈足外撇。肩部饰两兽形铺首衔环，一环缺失。肩部另饰凸弦纹，腹部亦饰凸弦纹。圈足饰两组纹饰，一组为二龙对戏，一组为一人持一矛刺凤。口沿有铭文"缪公"二字。器身纹饰和铭文均为线刻。

壶 | 东汉

1980年苍山县（现兰陵县）柞城故城遗址
出土

现藏兰陵县博物馆

通高31.8、口径17.4厘米

　　器口呈敛口蒜头形，短颈，圆肩，鼓腹，喇叭口状高圈足。提梁为二龙身相连，二龙首下伸张口衔环，环扣壶身肩部的环纽。与器身环纽相对的两侧亦有两铺首。肩部、腹部饰凸棱纹。器身稍有残。

壶 | 东汉

1980年苍山县（现兰陵县）柞城故城遗址出土

现藏兰陵县博物馆

高39.5、口径16.5、底径14、足径25厘米

　　器呈盘口、平沿、束颈，鼓腹，八棱式圆圈足外撇。肩部二兽形铺首衔环，饰线刻三角形纹，腹部饰多道凸弦纹。圈足隶书铭文："元和四年，江陵黄阳君作，宜子孙及酒食。吏人得知，致二千石；口人得之，千尉万仓。"

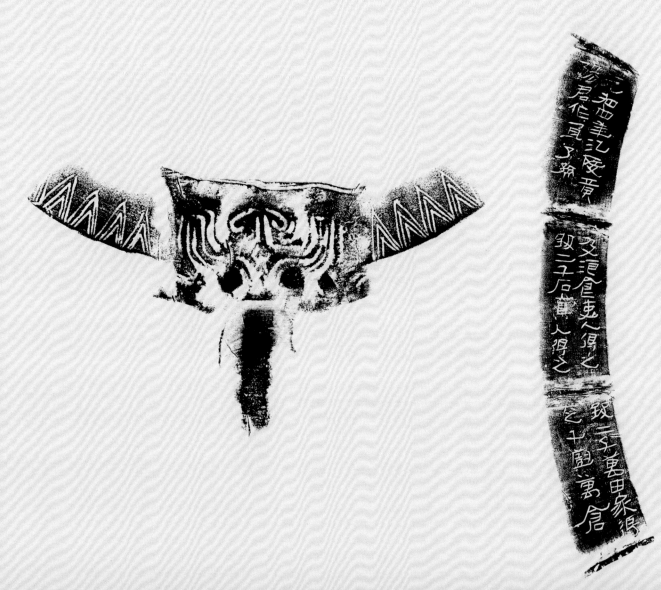

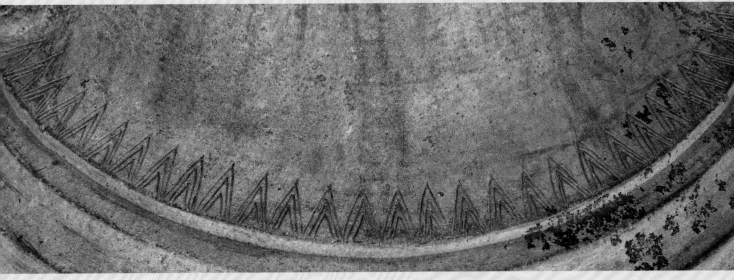

洗 | 东汉
1993年苍山县（现兰陵县）境内出土
现藏兰陵县博物馆
高13.5、口径28.8、底径17.5厘米

　　方唇，宽口沿斜张，沿面内凹，鼓腹，大平底。两兽形铺首，小穿孔。腹部饰凸弦纹四道，内底铸一羊图案。

洗 | 东汉
1980年苍山县（现兰陵县）柞城故城遗址出土
现藏兰陵县博物馆
高16.2、口径34.3厘米

　　圆唇，敞口，宽口沿，鼓腹，平底。腹部有两兽形铺首，小穿孔，未见衔环，腹部另饰凸弦纹。内底铸图案，左鹿右鹤。中间铭纹一行七字："蜀郡董氏造，宜侯。"

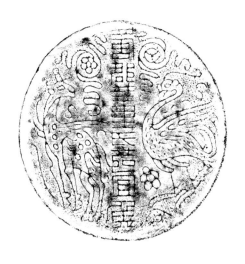

洗

东汉

1980年苍山县（现兰陵县）柞城故城遗址出土

现藏兰陵县博物馆

高15.9、口径33.9厘米

　　圆唇，敞口，宽沿，鼓腹，平底。腹部有两兽形铺首，小穿孔，未见衔环。腹部另饰凸弦纹四道。内底铸图案，中间一鼎，周六座山峰。铸铭文一行三字："董氏作。"

洗 东汉

1980年苍山县（现兰陵县）柞城故城遗址东南角窖藏出土

现藏兰陵县博物馆

高21.4、口径43.5厘米

　　圆唇，敞口，宽口沿斜张，鼓腹，平底。两兽形铺首，小穿孔。腹部饰凸弦纹四道。内底部铸铭文"永元二年堂狼造"。

洗 | 东汉
1981年苍山县（现兰陵县）磨山公社
西町大队村枯井崖出土
现藏兰陵县博物馆
高21、口径42.7、底径25厘米

　　圆唇，敞口，宽沿内凹，鼓腹左右有两兽
形铺首。腹部饰凸弦纹四道，内底铸有鹤、
鱼纹饰，头向一致。鹤、鱼的上下各饰五铸
钱纹。鹤、鱼之间铸有"延喜元年造作工"
七字。

洗 | 东汉
1980年苍山县（现兰陵县）柞城故城遗址
东南角窑场出土
现藏兰陵县博物馆
高16.9、上口径33.2厘米

圆唇，口沿外敞，鼓腹，平底。两兽形铺首，小穿孔，腹部饰凸弦纹四道，内底铸图案，一凤立于鼎上，该器底微残。右侧有五字铭文"武氏造，张吉"。

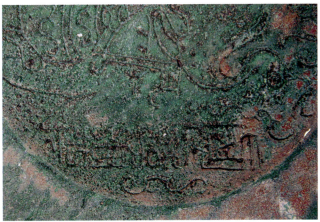

洗 东汉

1980年苍山县（现兰陵县）柞城故城遗址
东南角窑场出土
现藏兰陵县博物馆
高12.6、上口径29.2厘米

圆唇，口沿外敞，鼓腹，平底。两兽形铺
首，小穿孔，腹部饰凸弦纹四道。内底铸图
案，一飞雁，左下方一水池内一支含苞待放的
荷花，一枝莲蓬。雁上有铭文"吉雁"二字。

洗 | 东汉
济南市广智院街出土
现藏济南市博物馆
高21.6、口径44.6、底径25厘米

　　敞口，方唇，宽斜沿，鼓腹，平底。腹部铺首一对，饰弦纹带。器内底铭
文八字："永元九年堂狼造作。"

鉴 | 东汉
1971年章丘市（现济南市章丘区）平陵城内出土
现藏济南市章丘区博物馆
高23.5、口径44.5、底径27.2厘米，重6.614千克

　　大敞口，圆唇，斜折沿、沿面微内凹，鼓腹，小平底。腹部有数道弦纹，弦纹处有对称兽首铺首，双环缺失。沿面上线刻一"刘"字，内底铸双鱼纹及"延平元年堂狼造作"铭文一行。

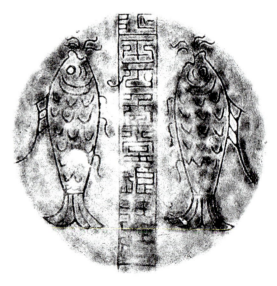

瓯 | 东汉
临沂市褚庄村后出土
现藏临沂市博物馆
高14、口径22、底径15.5厘米

　　口微侈，束颈，腹微鼓，平底，高圈足外撇。
腹饰凸弦纹，有二铺首衔环。器身稍存残缺。

樽 | 东汉
1958年诸城县（现诸城市）隋家官庄出土
现藏诸城市博物馆
通高13.2、口径21、底径13.5厘米，重1.36千克

大口，圆唇，窄折沿，鼓腹，大平底，下附三只兽蹄形足。腹上部有对称铺首，环均缺失。腹中部饰一周凸弦纹。蹄形足上部有浮雕兽首。

灯 | 东汉
1973年莒南县筵宾东兰墩村出土
现藏莒南县博物馆
通高8.8、通长15.5、宽5.9厘米，羊腿长1.7厘米，
盖高5、长8.1、宽5.5厘米

　　整体羊形。抬头挺胸，羊角盘曲，上有角纹，
羊身肥硕，中空，四肢较短，呈站立状。腰后至臀
从胯部往上置于头顶即为灯。尾呈立状横穿式板，
腰上系立状接扣。

灯 | 东汉

馆藏

现藏兰陵县博物馆

通高7.5、底径6.5厘米

　　器作耳杯形，边缘有二耳，弧形顶，顶中部起挂臂勾连，侧翻盖，盖上饰圆形系，小圈足，平底。盖上饰繁密的纹饰。

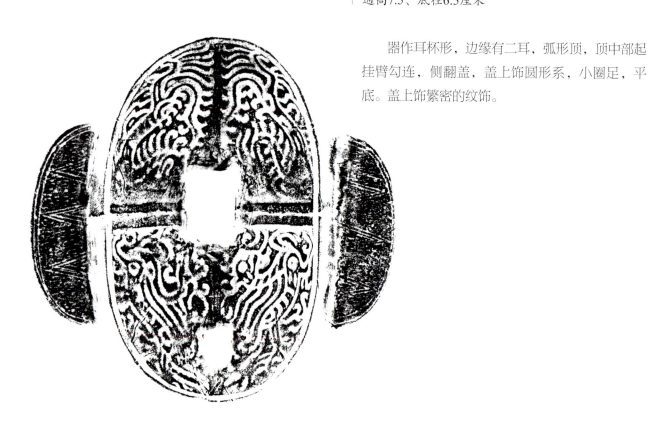

炉 | 东汉
1974年兰陵县东纸坊九女墩汉墓出土
现藏兰陵县博物馆
通高15、口径8.5厘米

上炉下盘。盘折沿，浅盘，底座带三乳丁。座上立三足熏炉，炉身带柿花，炉盖镂空，饰仰立三鸟，盖上面中部饰一展翅凤鸟。

炉 | 东汉

1981年寿光县（现寿光市）吕家村出土

现藏寿光市博物馆

通高22.5、托盘直径21.5厘米

　　上炉下盘。盘折沿，浅盘，下有三蹄形足。盘中有半球形炉，口沿外壁外凸，饰三花朵，蹄形三足。上有镂空盖，盖顶有一立雕朱雀，周围有三只青雀，昂首翘尾。盖下沿饰三花朵，有茎，夹角皆呈90°，花朵向上。炉与盖接合处，有特制的合页轴，可以自由启合，炉盖又不易脱离。

炉 | 东汉
1983年沂南县新王沟东村出土
现藏沂南县博物馆
通高21.4、底部直径20.2厘米，重1.45千克

　　上炉下盘，盘折沿，浅盘，与三蹄足相连，与炉身为一体。炉由炉盖和炉身组成，均作镂空状，合起来作球状。炉盖穹隆形，顶端为一只展翅欲飞的朱雀，其下有三只朱雀栖息，头向炉盖顶端的朱雀，炉盖连筋部分镂刻青龙、白虎、朱雀、玄武。炉身饰两行半圆形镂空，下有三蹄足。

炉 | 东汉
1992年寿光县（现寿光市）纪国故城城址出土
现藏寿光市博物馆
通高24.5、炉下圆盘口径11厘米

　　上炉下盘，盘为直壁浅圆盘，内以圆柱为中心饰有十角星纹，盘下三足为三小人，小人皆垂头，身体后仰，双腿微屈并叉开，双足由长方体连接，利于整个器物的平稳。其中一小人双手作捧物状，右手在上，双手横置于胸前；另两小人双手合在一起向前伸出。盘与炉身由一柱相连，炉身上部都饰有菱形回纹，下部饰曲云纹，中部镂空，由内饰六瓣纹的圆饼形图案相连接。上有镂空盖，盖顶有一立雕凤鸟；盖身镂空处似为兽形图案；盖下部饰两周弦纹和一周三角纹。炉与盖接合处，有可自由开启的合页轴。

炉 | 东汉
馆藏
现藏山东博物馆
通高29、炉口径9.5、盘径23.8厘米

　　上炉下盘。炉体呈半圆形，上有镂空的山形盖，盖上有一立凤纽；下有一圆柱和盘底相连。盘内盘踞一条口衔圆柱的蛟龙。圆柱中部有四片向四周伸展的叶片。

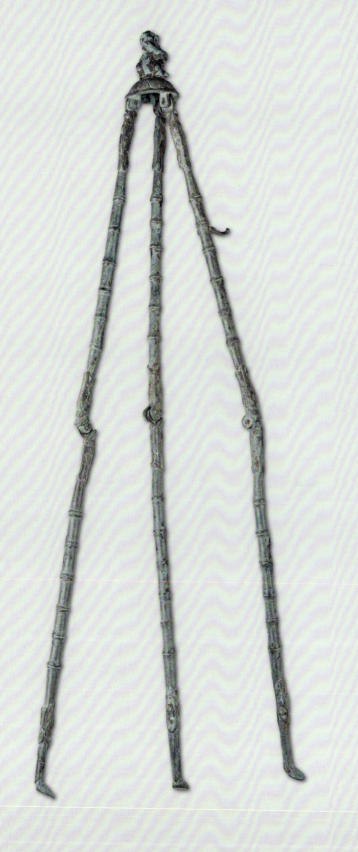

三足熏炉支架

东汉
1983年沂南县新王沟东村出土
现藏沂南县博物馆
通长64.5厘米，重1.14千克

　　支架造型独特，三腿作竹竿状，腿部中央有合页可折叠，腿的上端和下端分别有龙头装饰，足部为马蹄状。三支架的顶部是半圆形，如倒扣的莲花，顶部是一动物，似狮。

熨人

东汉
济宁市兖州区二十里铺村出土
现藏济宁市兖州区博物馆
通高51厘米

　　由底座和圆柱组成。柱的顶上有一兽，似为熊，作蹲踞状，前掌抚膝状。兽首下柱体有一圆形穿孔，柱的中部有凸箍。柱底有覆盘形圆座。

熨
人

东汉
1956年苍山县（现兰陵县）九女墩汉墓出土
现藏山东博物馆
通高40、底径26.7厘米

　　由底座和圆柱组成。柱的顶上坐有一兽，
前掌抚膝，腹部如怀孕状。柱的中部有凸箍。
柱顶近兽处有一穿孔。柱底有覆盘形圆座。

熨
人

东汉

1956年苍山县（现兰陵县）九女墩汉墓出土

现藏山东博物馆

通高52、座径30厘米

　　柄部为竹节形，分为四节。顶上坐一大腹
尖脸的狗熊，呈前掌抚膝状。最上竹节和第二
段竹节之间有一穿孔。柱底有覆盘形圆座。器
身残存鎏金。

鼓 | 东汉
齐鲁大学旧藏
现藏山东博物馆
高26.8、鼓面直径46.8厘米

　　圆体，腹空，无底，两侧胸腹间各有双竖耳。鼓面宽平，边缘伸出颈外，上部圆凸，腰际内弧，腰足间以一凸棱分界，鼓足外侈，略与面径相当。鼓面中心饰十二芒的太阳纹，其外有八周不同纹饰。鼓侧饰乳丁、云纹、雷纹、三角纹等。

盐印 | 东汉
1980年掖县（现莱州市）三山岛街道街西村出土
现藏莱州市博物馆
盐印高25.5、宽23.7、厚1.5厘米，柄高7.8、横长10.3厘米，重6.5千克

　　由印体和印柄两部分合铸而成，印体薄板状，印面近似正方形，印体背面正中有一横断面为竖长方形。曲尺形空心印柄，两侧有一对穿小孔。印面上部铸有并列二兽形凹纹，为一虎一兕相对搏斗状图象，虎昂首圆目张嘴，尾向前扬，跃跃欲试；兕怒目低首扬角，一足前伸着地，作向前冲触之状。二兽下面铸有四个阴文大字"右主盐官"。这枚巨印即是东汉时东莱郡"右盐主官"官府为收取盐税和监督私盐发卖时用的封盐大印。

带
扣

东汉
青岛市黄岛区田家窑村出土
现藏青岛市黄岛区博物馆
通长10、宽5.2、厚0.35厘米

　　平面长方形，器表有织物包裹痕迹。正面镶嵌玛瑙，阴刻透雕螭龙纹饰，
背面有两个穿系铜纽。外周青铜牌框鎏金脱落，锈绿斑驳，纹饰已辨识不清。

带
钩

东汉
1958年诸城县（现诸城市）城关供销社收购
现藏诸城市博物馆
通长15、宽5.3、厚2厘米，重0.1495千克

　　带钩作凤鸟状，凤首为钩，凤尾作钩尾，钩身作镂空装饰，腹部有圆形
扣。尾部内侧铸铭文"永建二年正月五日囗子造"。

量 | 东汉

1989年嘉祥县周村铺村出土

现藏嘉祥县文物旅游服务中心

通高8.81、口径19.5、底径17.1厘米，重1.335千克

　　平口，斜壁，平底，半圆形单耳。腹部有小篆铭文十五字："南武阳大司农平干永平五年闰月造。"

造像 | 东汉
1992年莒县双合村出土
现藏莒州博物馆
通高4.9厘米，重0.2千克

　　一人坐于中央，头戴冠，身着博袖长袍。此人怀中抱一孩童，右侧依靠一小孩，双手拱于胸前，左侧有两个孩童，跪着依偎在身旁，正前方还跪立一小孩童。

獬豸 | 东汉
1967年诸城县（现诸城市）前凉台村东汉孙琮墓出土
现藏诸城市博物馆
通高31、通长62厘米，重13.2千克

　　獬豸三脚踏地，低首翘尾，锐角前凸。除头顶部的主角之外，又将颈背部的鬃毛变化作三支尖角，两只长耳亦前刺如矛。

钱范

东汉

1989年诸城市基建村法院家属楼工地出土

现藏诸城市博物馆

同出2件

一件通高15.5、宽7.1、厚1.6厘米，重1.095千克；

另一件通高15.5、宽7.1、厚1.8厘米，重1.135千克

　　2件分别为正面范和背面范，均呈长方形，边缘连续的圆弧状，浇口部分向外凸出。一侧有漏斗形浇口，一条主槽上接浇口，下通30枚钱模，主槽两侧各15枚。正面范在浇口两侧各有一个凸出的榫，在与浇口相对的一段有一个凸出的榫，分别与背范上的凹窝相对应，以扣合固定用。

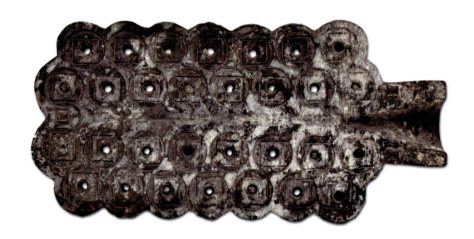

正面范

背面范

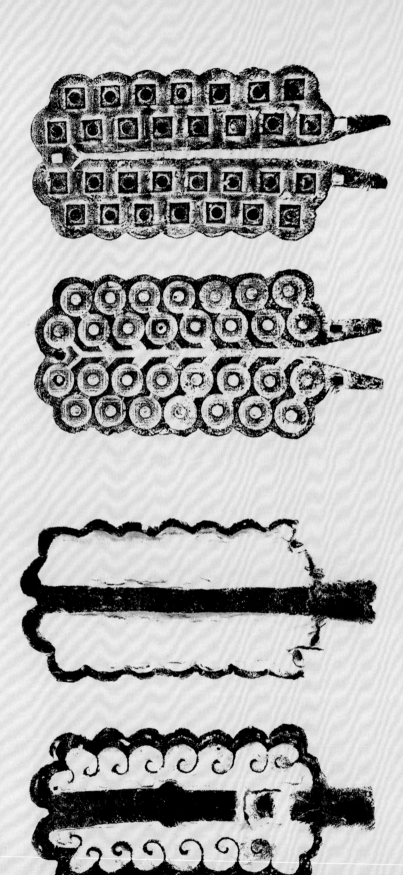